Μαθηματικά 1

Greek Math 1

Μαθαίνω τους αριθμούς στα Ελληνικά με την Αθηνά
I learn the numbers in Greek with "Athena"

Maria Pappa, M. Ed

Teacher of Greek Language and Mathematics

OceanPublications

General Layout/Cover: Ocean Publications
Printing/Binding: Create Space
Illustrations created by FreePik
All Rights reserved
Florida, USA - 2017

www.oceanpublications.us
greek@oceanpublications.us
Like us on Facebook at OceanPublications

Introduction

1. There are 24 letters in the Greek Alphabet. Eight (8) of them look almost the same as the English ones.

   Αα, Εε, Ζζ, Ιι, Κκ, Μμ, Οο, Ττ

   Six (6) are "false friends with the English ones" because they represent totally different sounds (*).

   Ββ(*), Ηη(*), Νν(*), Ρρ(*), Υυ(*), Χχ(*).

   Four (4) letters represent sounds made by two letters together (**).

   Δδ(**), Θθ(**), Ξξ(**), Ψψ(**).

   The last six (6) letters of the Greek Alphabet need attention because they are unique.   Γγ, Λλ, Ππ, Σσ(ς), Φφ, Ωω

Αα	(**A** as in <u>a</u>pple)	Νν (*)	(**N** as in <u>n</u>eon)
Ββ (*)	(**V** as in <u>v</u>ase)	Ξξ (**)	(**Ks** as in ta<u>x</u>i)
Γγ	**(w as in <u>w</u>and)**	Οο	(**O** as in <u>o</u>asis)
Δδ (**)	(**Th** as in <u>th</u>e)	**Ππ**	**(P as in <u>p</u>otato)**
Εε	(**E** as in <u>e</u>lephant)	Ρρ (*)	(**R** as in <u>r</u>ound)
Ζζ	(**Z** as in <u>z</u>oo)	**Σσ(ς)**	**(S as in <u>s</u>train)**
Ηη (*)	(**I** as in t<u>i</u>n)	Ττ	(**T** as in <u>t</u>rain)
Θθ (**)	(**Th** as in <u>th</u>esis)	Υυ (*)	(**I** as in t<u>i</u>n)
Ιι	(**I** as in t<u>i</u>n)	**Φφ**	**(Ph as in al<u>ph</u>abet)**
Κκ	(**K** as in <u>k</u>oala)	Χχ(*)	(**H** as in <u>h</u>ard)
Λλ	**(L as in <u>L</u>ion)**	Ψψ(**)	(**Ps** as in o<u>pti</u>on)
Μμ	(**M** as in <u>m</u>o<u>m</u>)	**Ωω**	**(O as in <u>o</u>cean)**

Three letters Ηη, Ιι and Υυ sound exactly the same, i as in tin.

Two lower case letters represent the **s** sound: **σ** in the beginning and in the middle, **ς** is only used at the end of the word.

A combination of two vowels produce a different sound:

αυ = af, αυ =av, αι = e, οι = i, ει = i, υι = i, ευ = ef, ευ = ev.

A combination of two consonants produce a different sound too:

Μπ = b, Ντ = d, γκ = g, γγ = g, τζ= j.

2. Greek words are spelled as they sound. Use your imagination close to the certainty that many English words have roots in Greek words. Say the Greek word out loud to hear it. It will probably sound familiar.

    Example: ΩΚΕΑΝΟΣ (oceanos = ocean)
          ΤΡΙΑ   (tria = three)
          ΕΝΝΕΑ   (ennea = nine)

Ocean Publications is dedicated to the spread of Greek language and Greek culture around the world. We are open to collaborating with teachers of Greek language, from both within Greece as well as internationally. If you are a teacher or a parent and you are interested in participating in this collaborative effort, you are welcome to contact us at greek@oceanpublications.us.

We want to hear your ideas and suggestions, and can also work with you to translate and publish your work.

Ocean Publications also organizes writing, literature, photography and drawing competitions between students and schools that teach Greek as a foreign language. Please contact us to receive updates on these and newer projects.

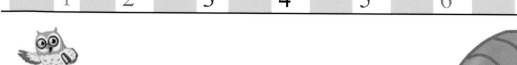

0 μηδέν

Touch the objects as you count them.

How many feet can you count? How many hands can you see?

Trace the number 0 and the word μηδέν.

0 μηδέν

Circle the pizza piece with μηδὲν toppings.

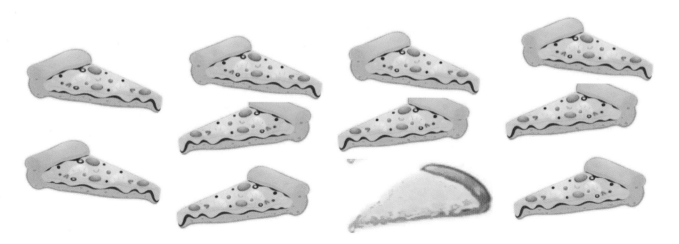

5 πέντε

Touch the objects as you count them.

How many children can you count?

Trace the number **5** and the word **πέντε**.

5 πέντε

Circle **πέντε** balls that are the same.

Practice

Write the number and the number word:

1 ένα _____

2 δύο _____

3 τρία _____

4 τέσσερα _____

5 πέντε _____

1 2 3 4 5 6 7

Practice

Look at each picture.
Write the number shown to the left in Greek letters.

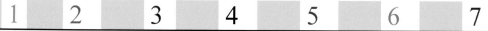

Touch the objects as you count them.

How many hats can you count?

Trace the number 6 and the word έξι.

Circle έξι desserts that are the same.

Practice

Write the number and the number word:

6 έξι _____

7 επτά _____

8 οκτώ _____

9 εννέα _____

10 δέκα _____

Practice

Look at each picture.
Write the number shown to the left in Greek letters.

 _____

 _____

 _____

 _____

 _____

Self-Evaluation

Put a check mark (✔) next to each thing you can do. Here are the things I can do…

I can…

Write the **number 1** in Greek _____ ☐

Write the **number 2** in Greek _____ ☐

Write the **number 3** in Greek _____ ☐

Write the **number 4** in Greek _____ ☐

Write the **number 5** in Greek _____ ☐

Write the **number 6** in Greek _____ ☐

Write the **number 7** in Greek _____ ☐

Write the **number 8** in Greek _____ ☐

Write the **number 9** in Greek _____ ☐

Write the **number 10** in Greek _____ ☐

11 ένδεκα

Touch the objects as you count them.

How many mushrooms can you count?

Trace the number **11** and the word **ένδεκα**.

11 ένδεκα

Circle **ένδεκα** flags that are the same.

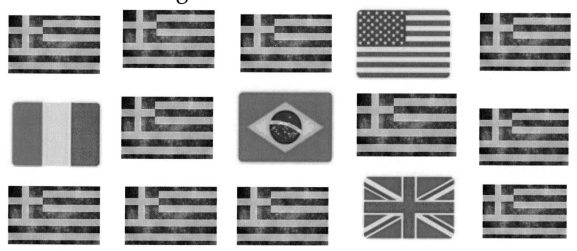

12 δώδεκα

Touch the objects as you count them.

How many eggs can you count?

Trace the number **12** and the word **δώδεκα**.

12 δώδεκα

Circle **δώδεκα** birds that are the same.

13 δεκατρία

Touch the objects as you count them.

How many holes can you count?

Trace the number **13** and the word **δεκατρία**.

13 δεκατρία

Circle **δεκατρία** sea animals that are the same.

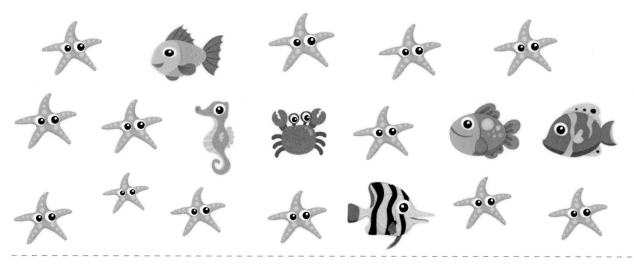

14 δεκατέσσερα

Touch the objects as you count them.

How many honeycombs can you count?

Trace the number **14** and the word **δεκατέσσερα**.

14 δεκατέσσερα

Circle **δεκατέσσερα** groceries that are the same.

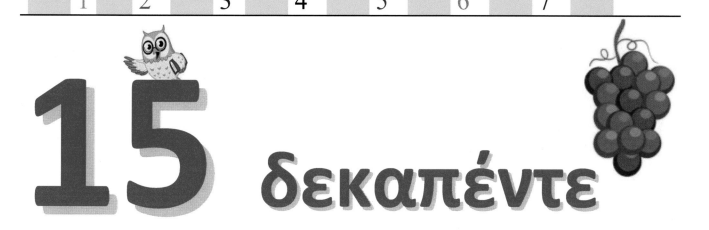

15 δεκαπέντε

Touch the objects as you count them.

How many grapes can you count?

Trace the number **15** and the word **δεκαπέντε**.

15 δεκαπέντε

Circle **δεκαπέντε** trees that are the same.

Practice

Write the number and the number word:

11 ένδεκα

12 δώδεκα

13 δεκατρία

14 δεκατέσσερα

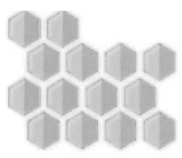

15 δεκαπέντε

Practice

Look at each picture.
Trace the number shown to the left in Greek letters.

 _____

 _____

 _____

 _____

 _____

16 δεκαέξι

Touch the objects as you count them.

How many kids can you count?

Trace the number 16 and the word δεκαέξι.

16 δεκαέξι

Circle δεκαέξι books that are the same.

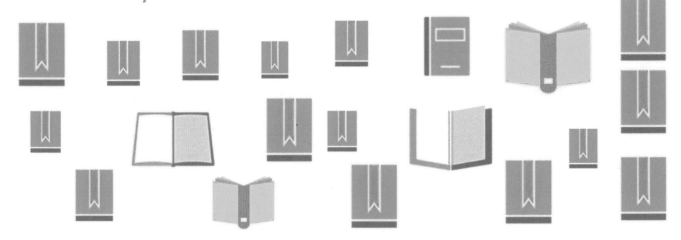

17 δεκαεπτά

Touch the objects as you count them.

How many bats can you count?

Trace the number **17** and the word **δεκαεπτά**.

17 δεκαεπτά

Circle **δεκαεπτά** costumes that are the same.

18 δεκαοκτώ

Touch the objects as you count them.

How many chocolate chips can you count?

Trace the number **18** and the word **δεκαοκτώ**.

18 δεκαοκτώ

Circle **δεκαοκτώ** sweets that are the same.

19 δεκαεννέα

Touch the objects as you count them.

How many flags can you count?

Trace the number **19** and the word **δεκαεννέα**.

19 δεκαεννέα

Circle **δεκαεννέα** bows that are the same.

20 είκοσι

Touch the objects as you count them.

How many butterflies can you count?

Trace the number **20** and the word **είκοσι**.

20 είκοσι

Circle **είκοσι** butterflies that are the same.

Practice

Write the number and the number word:

16 δεκαέξι

17 δεκαεπτά

18 δεκαοκτώ

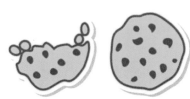

19 δεκαεννέα

20 είκοσι

The Greek word for Tens is **Δεκάδες**.

Let  teach you.

30 Τριάντα

Σαράντα 40

50 Πενήντα

Εξήντα 60

70 Εβδομήντα

Ογδόντα 80

90 Ενενήντα

The Greek word for Hundreds is **Εκατοντάδες**.
Let  teach you.

100 Εκατό   **Διακόσια 200**

300 Τριακόσια   **Τετρακόσια 400**

500 Πεντακόσια   **Εξακόσια 600**

700 Επτακόσια   **Οκτακόσια 800**

900 Εννιακόσια

The Greek word for Thousand is **Χιλιάδες**.

Let 🦉 teach you.

1.000 ....**Χίλια**

2.000 ....**Δύο Χιλιάδες**

3.000 ....**Τρεις Χιλιάδες**

4.000 ....**Τέσσερις Χιλιάδες**

5.000 ....**Πέντε Χιλιάδες**

6.000 ....**Έξι Χιλιάδες**

7.000 ....**Επτά Χιλιάδες**

8.000 ....**Οκτώ Χιλιάδες**

9.000 ....**Εννέα Χιλιάδες**

10.000 ....**Δέκα Χιλιάδες**

11.000 ....**Ένδεκα Χιλιάδες**

12.000 ....**Δώδεκα Χιλιάδες**

13.000 ....**Δεκατρείς Χιλιάδες**

14.000 ....**Δεκατέσσερις Χιλιάδες**

15.000 ....**Δεκαπέντε Χιλιάδες**

Congratulations!

_____
(Name)

has completed Part 1 of Ελληνικά Μαθηματικά:

Αριθμοί στα Ελληνικά

Presented on _____
(Date)

_____
(Parent's Signature)

Numbers

1 2 3 4 5 6 7

The following list provides a phonetic guide to how each of the two characteristic words for every letter of the alphabet, are pronounced. These pronunciations are based on the guidelines and rules presented in the introduction of this book. The colored syllable marks the part of the word that is emphasized when reading.

1 = ΕΝΑ =   eh-nah
2 = ΔΥΟ =   thee-oh
3 =ΤΡΙΑ =   tree-ah
4 = ΤΕΣΣΕΡΑ =   teh-sseh-rah
5 = ΠΕΝΤΕ =   pen-deh
6 = ΕΞΙ =   eh-xee
7 = ΕΠΤΑ =   ep-tah
8 = ΟΚΤΩ =   oh-ktoh
9 = ΕΝΝΕΑ =   e-nneh-ah
10 = ΔΕΚΑ =   the-kah
11 = ΕΝΤΕΚΑ =   en-de-kah
12 = ΔΩΔΕΚΑ =   doh-deh-kah
13 = ΔΕΚΑΤΡΙΑ =   the-kah-tree-ah
14 = ΔΕΚΑΤΕΣΣΕΡΑ =   the-kah-te-sseh-rah
15 = ΔΕΚΑΠΕΝΤΕ =   the-kah-pen-deh
16 = ΔΕΚΑΕΞΙ =   the-kah-eh-xee
17 = ΔΕΚΑΕΠΤΑ =   the-kah-eh-ptah
18 = ΔΕΚΑΟΧΤΩ =   the-kah-oh-ktoh
19 = ΔΕΚΑΕΝΝΕΑ =   the-kah-eh-neh-ah
20 = ΕΙΚΟΣΙ =   ee-koh-see
30 = ΤΡΙΑΝΤΑ =   tree-ah-dah
40 = ΣΑΡΑΝΤΑ =   sah-rah-dah
50 = ΠΕΝΗΝΤΑ =   peh-nee-dah
60 = ΕΞΗΝΤΑ =   eh-xee-dah
70 = ΕΒΔΟΜΗΝΤΑ =   ev-doh-mee-dah
80 = ΟΓΔΟΝΤΑ =   ogh-doh-dah
90 = ΕΝΝΕΝΗΝΤΑ =   eh-neh-nee-dah

100 = ΕΚΑΤΟ =   eh-kah-toh
200 = ΔΙΑΚΟΣΙΑ =   thee-ah-koh-see-ah
300 = ΤΡΙΑΚΟΣΙΑ =   tree-ah-koh-see-ah
400 = ΤΕΤΡΑΚΟΣΙΑ =   teh-trah-koh-see-ah
500 = ΠΕΝΤΑΚΟΣΙΑ =   peh-dah-koh-see-ah

600 = ΕΞΑΚΟΣΙΑ =		eh-xah-koh-see-ah
700 = ΕΠΤΑΚΟΣΙΑ =		eh-ptah-koh-see-ah
800 = ΟΚΤΑΚΟΣΙΑ =		oh-kta-koh-see-ah
900 = ΕΝΝΙΑΚΟΣΙΑ =		eh-nia-koh-see-ah
1000 = ΧΙΛΙΑ =		hee-lee-ah

TENS = ΔΕΚΑΔΕΣ =		the-kah-des
HUNDREDS = ΕΚΑΤΟΝΤΑΔΕΣ =		eh-kah-toh-da-des
THOUSANDS = ΧΙΛΙΑΔΕΣ =		hee-lee-ah-des

2,000 = ΔΥΟ ΧΙΛΙΑΔΕΣ =	thee-oh hee-lee-ah-des
3,000 = ΤΡΕΙΣ ΧΙΛΙΑΔΕΣ =	trees hee-lee-ah-des
4,000 = ΤΕΣΣΕΡΙΣ ΧΙΛΙΑΔΕΣ =	te-sseh-rees hee-lee-ah-des
5,000 = ΠΕΝΤΕ ΧΙΛΙΑΔΕΣ =	pen-deh hee-lee-ah-des
6,000 = ΕΞΙ ΧΙΛΙΑΔΕΣ =	eh-xee hee-lee-ah-des
7,000 = ΕΠΤΑ ΧΙΛΙΑΔΕΣ =	ep-tah hee-lee-ah-des
8,000 = ΟΚΤΩ ΧΙΛΙΑΔΕΣ =	oh-ktoh hee-lee-ah-des
9,000 = ΕΝΝΕΑ ΧΙΛΙΑΔΕΣ =	e-nneh-ah hee-lee-ah-des
10,000 = ΔΕΚΑ ΧΙΛΙΑΔΕΣ =	the-kah hee-lee-ah-des
11,000 = ΕΝΤΕΚΑ ΧΙΛΙΑΔΕΣ =	en-de-kah hee-lee-ah-des
12,000 = ΔΩΔΕΚΑ ΧΙΛΙΑΔΕΣ =	doh-deh-kah hee-lee-ah-des
13,000 = ΔΕΚΑΤΡΕΙΣ ΧΙΛΙΑΔΕΣ =	the-kah-trees hee-lee-ah-des
14,000 = ΔΕΚΑΤΕΣΣΕΡΙΣ ΧΙΛΙΑΔΕΣ =	the-kah-te-sseh-rees hee-lee-ah-des
15,000 = ΔΕΚΑΠΕΝΤΕ ΧΙΛΙΑΔΕΣ =	the-kah-pen-deh hee-lee-ah-des